LES TEXTES SONT EXTRAITS DE LA SAINTE BIBLE, VERSION LOUIS SEGOND DE 1910.

Les passages des Écritures proviennent de la Sainte Bible, version de Louis Segond de 1910.

Édition française Michel Lafon Publishing.

ISBN : 2-7499-0135-9

Imprimé aux États-Unis d'Amérique

Quebecor World Kingsport, Inc.
335 Roller St.
Kingsport, TN 37662-0711

LA PASSION

PHOTOGRAPHIES DU FILM
LA PASSION DU CHRIST

PRÉFACE

On me demande souvent pourquoi j'ai voulu faire un film sur la Passion du Christ. Généralement, je me borne à dire que ce projet m'a habité pendant dix ans, ce qui est vrai. La plupart des gens semblent se satisfaire de cette réponse.

Mais la réalité est, bien sûr, plus complexe, et sa genèse remonte à une période où j'étais en proie à un sentiment terrible de vide et de solitude. Et parce que j'ai été élevé pour être un bon chrétien et un bon catholique ma seule véritable ressource a alors été la prière. J'ai demandé à Dieu de m'aider.

C'est au cours de cette période de méditation et de prière que j'ai songé pour la première fois à réaliser un film sur la Passion du Christ. Cette idée a pris racine en moi très progressivement. J'ai commencé à m'intéresser aux œuvres des grands artistes qui s'étaient inspirés de ce sujet. Aussitôt, j'ai pensé au Caravage ainsi qu'à Mantegna, Masaccio, Piero della Francesca… Leurs peintures reflétaient la source de leur inspiration avec la vérité que je souhaitais pour mon film. Mais c'est une chose de peindre un moment de la Passion avec vraisemblance. Cela en est une autre de relater cet événement et ce mystère dans son intégralité.

Les Saintes Écritures et les représentations admises de la Passion étaient les seuls textes dont je pouvais m'inspirer pour écrire un scénario. Mais qu'en était-il du film lui-même ? Je voulais qu'il soit un témoignage de l'amour infini de Jésus-Christ, qui a sauvé et continue à sauver tant d'hommes de par le monde.

Il existe un mot en grec ancien qui définit le mieux la « Vérité » qui a guidé mon travail et celui de tous ceux qui ont participé à ce projet : *aletheia*. Il signifie simplement « inoubliable » (du fleuve Léthé, évoqué par Homère, dont l'eau procure l'oubli). Et l'oubli est malheureusement devenu un rituel de notre moderne existence séculière. En ce sens, ce film n'est pas un document historique, pas plus qu'il ne prétend rassembler tous les faits. Mais il relate ceux qui sont dans les Saintes Écritures. Il ne cherche pas simplement à représenter ou à exprimer. Je pense que sa vocation est contemplative. Cela signifie qu'il appelle chacun à se rappeler (à ne pas oublier). C'est une démarche spirituelle qui ne peut être formulée mais seulement ressentie.

C'est à cette vérité que j'aspirais, ainsi que mes amis Philippe Antonello et Ken Duncan, qui, tous deux, ont été très présents sur le tournage. L'acuité avec laquelle ils ont observé et vu ce qui se déroulait a nourri ce livre. Les scènes, qui défilent rapidement dans le film, sont immobiles dans ces photographies, mais elles permettent de vous plonger dans les instants qu'elles représentent. Elles sont aussi, à leur façon, les pièces d'une révélation plus vaste. Mon nouvel espoir est que *La Passion du Christ* aide de plus en plus de personnes à reconnaître le pouvoir de Son amour et qu'elle Le laisse les aider à sauver leur propre vie.

Los Angeles, octobre 2003

LA PASSION

GETHSÉMANI

Là-dessus, Jésus alla avec eux dans un lieu appelé
Gethsémani, et il dit aux disciples : « Asseyez-vous ici,
pendant que je m'éloignerai pour prier. » Il prit avec lui
Pierre et les deux fils de Zébédée, et il commença à éprouver
de la tristesse et des angoisses. Il leur dit alors : « Mon âme
est triste jusqu'à la mort ; restez ici, et veillez avec moi. »

Puis, ayant fait quelques pas en avant, il se jeta sur sa face,
et pria ainsi : « Mon Père, s'il est possible, que cette coupe
s'éloigne de moi ! Toutefois, non pas ce que je veux, mais
ce que tu veux. » Et il vint vers les disciples, qu'il trouva
endormis, et il dit à Pierre : « Vous n'avez donc pu veiller
une heure avec moi ! Veillez et priez, afin que vous ne
tombiez pas dans la tentation ; l'esprit est bien disposé,
mais la chair est faible. »

Il s'éloigna une seconde fois, et pria ainsi : « Mon Père,
s'il n'est pas possible que cette coupe s'éloigne sans que
je la boive, que ta volonté soit faite ! » Il revint, et les trouva
encore endormis ; car leurs yeux étaient appesantis.

Il les quitta, et, s'éloignant, il pria pour la troisième fois,
répétant les mêmes paroles. Puis il alla vers ses disciples,
et leur dit : « Vous dormez maintenant, et vous vous
reposez ! Voici, l'heure est proche, et le Fils de l'homme est
livré aux mains des pécheurs. Levez-vous, allons ; voici, celui
qui me livre s'approche. »

JÉSUS EST TRAHI

Judas donc, ayant pris la cohorte, et des gardes qu'envoyèrent
les principaux prêtres et les pharisiens, vint là avec
des lanternes, des flambeaux et des armes.

Jésus, sachant tout ce qui devait lui arriver, s'avança,
et leur dit : « Qui cherchez-vous ? »

Ils lui répondirent : « Jésus de Nazareth. »

Jésus leur dit : « C'est moi. » Et Judas, qui le livrait, était
avec eux. Lorsque Jésus leur eut dit : « C'est moi »,
ils reculèrent et tombèrent par terre. Il leur demanda
de nouveau : « Qui cherchez-vous ? »

Et ils dirent : « Jésus de Nazareth. »

Jésus répondit : « Je vous ai dit que c'est moi. Si donc c'est moi que vous cherchez, laissez aller ceux-ci. »

Celui qui le livrait leur avait donné ce signe : « Celui que je baiserai, c'est lui ; saisissez-le et emmenez-le sûrement. » Aussitôt, s'approchant de Jésus, il dit : « Salut, Rabbi ! » Et il lui donna un baiser.

Jésus lui dit : « Mon ami, ce que tu es venu faire, fais-le. » Alors ces gens s'avancèrent, mirent la main sur Jésus, et le saisirent. Et voici, un de ceux qui étaient avec Jésus étendit la main, et tira son épée ; il frappa le serviteur du souverain prêtre, et lui emporta l'oreille.

Alors Jésus lui dit : « Remets ton épée à sa place ; car tous ceux qui prendront l'épée périront par l'épée. Penses-tu que je ne puisse pas invoquer mon Père, qui me donnerait à l'instant plus de douze légions d'anges ? Comment donc s'accompliraient les Écritures, d'après lesquelles, il doit en être ainsi ? » Mais Jésus, prenant la parole, dit : « Laissez, arrêtez ! » Et, ayant touché l'oreille de cet homme, il le guérit.

Jésus dit ensuite aux principaux prêtres, aux chefs des gardes du temple, et aux anciens, qui étaient venus contre lui : « Vous êtes venus, comme après un brigand, avec des épées et des bâtons. J'étais tous les jours avec vous dans le temple, et vous n'avez pas mis la main sur moi. Mais c'est ici votre heure, et la puissance des ténèbres. » Mais tout cela est arrivé afin que les écrits des prophètes fussent accomplis. Alors tous les disciples l'abandonnèrent, et prirent la fuite.

Un jeune homme le suivait, n'ayant sur le corps qu'un drap. On se saisit de lui ; mais il lâcha son vêtement, et se sauva tout nu.

Matthieu 26 : 36-46, 49-54, 56 ; Jean 18 : 3-8 ; Marc 14:44, 51-52 ; Luc 22:51-53

Mon Père, s'il est possible, que cette coupe s'éloigne de moi !

Matthieu 26:39

Et ils lui payèrent trente pièces d'argent.

Matthieu 26:15

Voici, celui qui me livre s'approche.

Marc 14:42

SHLAM RABBANA

Salut, Rabbi.

Et, ayant touché l'oreille de cet homme, il le guérit.

Luc 22:51

NESOLEH!

Ils le saisirent.

JÉSUS EST ARRÊTÉ

La cohorte, le tribun, et les gardes des Juifs, se saisirent alors de Jésus, et le lièrent. Ils l'emmenèrent d'abord chez Anne ; car il était le beau-père de Caïphe, qui était souverain prêtre cette année-là. Et Caïphe était celui qui avait donné ce conseil aux Juifs : Il est avantageux qu'un seul homme meure pour le peuple.

Simon Pierre, avec un autre disciple, suivait Jésus. Ce disciple était connu du souverain prêtre, et il entra avec Jésus dans la cour du souverain prêtre ; mais Pierre resta dehors près de la porte. L'autre disciple, qui était connu du souverain prêtre, sortit, parla à la portière, et fit entrer Pierre.

Le souverain prêtre interrogea Jésus sur ses disciples et sur sa doctrine. Jésus lui répondit : « J'ai parlé ouvertement au monde ; j'ai toujours enseigné dans la synagogue et dans le temple, où tous les Juifs s'assemblent, et je n'ai rien dit en secret. Pourquoi m'interroges-tu ? Interroge sur ce que je leur ai dit ceux qui m'ont entendu ; voici, ceux-là savent ce que j'ai dit. »

À ces mots, un des huissiers, qui se trouvait là, donna un soufflet à Jésus, en disant : « Est-ce ainsi que tu réponds au souverain ? »

Jésus lui dit : « Si j'ai mal parlé, fais voir ce que j'ai dit de mal ; et si j'ai bien parlé, pourquoi me frappes-tu ? »

Anne l'envoya lié à Caïphe, le souverain prêtre.

Jean 18:12-16, 19-24

« D'où lui viennent ces choses ? Quelle est cette sagesse qui lui a été donnée,

et comment de tels miracles se font-ils par ses mains ?

N'est-ce pas le charpentier, le fils de Marie ? »

Marc 6:2-3

Le souverain prêtre interrogea Jésus sur ses disciples et sur sa doctrine.
Jésus lui répondit : « J'ai parlé ouvertement au monde. Interroge sur ce que
je leur ai dit ceux qui m'ont entendu ; voici, ceux-là savent ce que j'ai dit. »

Jean 18:19-21

J'ai beaucoup souffert en songe à cause de lui.

Matthieu 27:19

JÉSUS DEVANT CAÏPHE

Ceux qui avaient saisi Jésus l'emmenèrent chez le souverain prêtre Caïphe, où les scribes et les anciens étaient assemblés. Pierre le suivit de loin jusqu'à la cour du souverain prêtre, y entra, et s'assit avec les serviteurs, pour voir comment cela finirait.

Les principaux prêtres et tout le sanhédrin cherchaient quelque faux témoignage contre Jésus, suffisant pour le faire mourir. Mais ils n'en trouvèrent point, quoique plusieurs faux témoins se fussent présentés. Enfin, il en vint deux, qui dirent : « Celui-ci a dit : "Je puis détruire le temple de Dieu, et le rebâtir en trois jours." »

Le souverain prêtre se leva, et lui dit : « Ne réponds-tu rien ? Qu'est-ce que ces hommes déposent contre toi ? » Jésus garda le silence. Et le souverain prêtre, prenant la parole, lui dit : « Je t'adjure, par le Dieu vivant, de nous dire si tu es le Christ, le Fils de Dieu. »

Jésus lui répondit : « Tu l'as dit. De plus, je vous le déclare, vous verrez désormais le Fils de l'homme assis à la droite de la puissance de Dieu, et venant sur les nuées du ciel. »

Alors le souverain prêtre déchira ses vêtements, disant : « Il a blasphémé ! Qu'avons-nous encore besoin de témoins ? Voici, vous venez d'entendre son blasphème. Que vous en semble ? »

Ils répondirent : « Il mérite la mort. »

Là-dessus, ils lui crachèrent au visage, et lui donnèrent des coups de poing et des soufflets en disant : « Christ, prophétise ; dis-nous qui t'a frappé. »

PIERRE RENIE JÉSUS

Cependant, Pierre était assis dehors dans la cour. Une servante s'approcha de lui, et dit : « Toi aussi, tu étais avec Jésus le Galiléen. »

Mais il le nia devant tous, disant : « Je ne sais ce que tu veux dire. »

Comme il se dirigeait vers la porte, une autre servante le vit, et dit à ceux qui se trouvaient là : « Celui-ci était aussi avec Jésus de Nazareth. »

Il le nia de nouveau, avec serment : « Je ne connais pas cet homme. »

Peu après, ceux qui étaient là, s'étant approchés, dirent à Pierre : « Certainement tu es aussi de ces gens-là, car ton langage te fait reconnaître. »

Alors il se mit à faire des imprécations et à jurer : « Je ne connais pas cet homme. » Aussitôt le coq chanta. Et Pierre se souvint de la parole que Jésus avait dite : « Avant que le coq chante, tu me renieras trois fois. » Et étant sorti, il pleura amèrement.

JUDAS SE PEND

Alors Judas, qui l'avait livré, voyant qu'il était condamné, se repentit, et rapporta les trente pièces d'argent aux principaux prêtres et aux anciens, en disant : « J'ai péché, en livrant le sang innocent. »

Ils répondirent : « Que nous importe ? Cela te regarde. » Judas jeta les pièces d'argent dans le temple, se retira, et alla se pendre. Les principaux prêtres les ramassèrent, et dirent : « Il n'est pas permis de les mettre dans le trésor sacré, puisque c'est le prix du sang. » Et, après en avoir délibéré, ils achetèrent avec cet argent « le champ du potier », pour la sépulture des étrangers. C'est pourquoi ce champ a été appelé « champ du sang », jusqu'à ce jour. Alors s'accomplit ce qui avait été annoncé par Jérémie, le prophète :

« Ils ont pris les trente pièces d'argent, la valeur de celui qui a été estimé, qu'on a estimé de la part des enfants d'Israël ; et ils les ont données pour le champ du potier, comme le Seigneur me l'avait ordonné. »

Matthieu 26:57-75, 27:3-10

Et le souverain prêtre, prenant la parole, lui dit : « Je t'adjure, par le
Dieu vivant, de nous dire si tu es le Christ, le Fils de Dieu. »

Matthieu 26:63

Et Pierre se souvint de la parole que Jésus avait dite :
« Avant que le coq chante, tu me renieras trois fois. »
Et étant sorti, il pleura amèrement.

Matthieu 26:75

J'ai péché, en livrant le sang innocent.

Matthieu 27:4

NOLI HUNC HOMINEM GALILAEUM CONDEMNARE. SANCTUS EST.

Ne condamnez pas ce Galiléen. C'est un saint.

JÉSUS DEVANT PONCE PILATE

Ils conduisirent Jésus de chez Caïphe au prétoire : c'était
le matin. Ils n'entrèrent point eux-mêmes dans
le prétoire, afin de ne pas se souiller, et de pouvoir manger
la Pâque. Pilate sortit donc pour aller à eux, et il dit :
« Quelle accusation portez-vous contre cet homme ? »

Ils se mirent à l'accuser, disant : « Nous avons trouvé
cet homme excitant notre nation à la révolte, empêchant
de payer le tribut à César, et se disant lui-même Christ, roi. »
Ils lui répondirent : « Si ce n'était pas un malfaiteur,
nous ne te l'aurions pas livré. »

Sur quoi Pilate leur dit : « Prenez-le vous-mêmes et jugez-le
selon votre loi. »

Les Juifs lui dirent : « Il ne nous est pas permis de mettre
personne à mort. »

Pilate rentra dans le prétoire, appela Jésus, et lui dit :
« Es-tu le roi des Juifs ? »

Jésus répondit : « Est-ce de toi-même que tu dis cela,
ou d'autres te l'ont-ils dit de moi ? »

Pilate répondit : « Moi, suis-je juif ? Ta nation et les
principaux prêtres t'ont livré à moi : qu'as-tu fait ? »

« Mon Royaume n'est pas de ce monde », répondit Jésus.
Si mon Royaume était de ce monde, mes serviteurs auraient
combattu pour moi, afin que je ne fusse pas livré aux Juifs ;
mais maintenant mon Royaume n'est point d'ici-bas. »

Pilate lui dit : « Tu es donc roi ? »

Jésus répondit : « Tu le dis, je suis roi. Je suis né et je suis
venu dans le monde pour rendre témoignage à la Vérité.
Quiconque est de la Vérité écoute ma voix. »

Pilate lui dit : « Qu'est-ce que la Vérité ? »

Pilate dit aux principaux prêtres et à la foule : « Je ne trouve
rien de coupable en cet homme. »

Mais ils insistèrent, et dirent : « Il soulève le peuple, en enseignant par toute la Judée, depuis la Galilée, où il a commencé, jusqu'ici. »

Quand Pilate entendit parler de la Galilée, il demanda si cet homme était Galiléen ; et, ayant appris qu'il était de la juridiction d'Hérode, il le renvoya à Hérode, qui se trouvait aussi à Jérusalem en ces jours-là.

JÉSUS DEVANT HÉRODE

Lorsque Hérode vit Jésus, il en eut une grande joie ; car depuis longtemps, il désirait le voir, à cause de ce qu'il avait entendu dire de lui, et il espérait qu'il le verrait faire quelque miracle. Il lui adressa beaucoup de questions ; mais Jésus ne lui répondit rien.

Les principaux prêtres et les scribes étaient là, et l'accusaient avec violence. Hérode, avec ses gardes, le traita avec mépris ; et, après s'être moqué de lui et l'avoir revêtu d'un habit éclatant, il le renvoya à Pilate. Ce jour même, Pilate et Hérode devinrent amis, d'ennemis qu'ils étaient auparavant.

JÉSUS REVIENT DEVANT PONCE PILATE

A chaque fête, il relâchait un prisonnier, celui que demandait la foule. Il y avait en prison un nommé Barabbas avec ses complices, pour un meurtre qu'ils avaient commis dans une sédition. La foule, étant montée, se mit à demander ce qu'il avait coutume de lui accorder.

Pilate, ayant assemblé les principaux prêtres, les magistrats, et le peuple, leur dit : « Vous m'avez amené cet homme comme excitant le peuple à la révolte. Et voici, je l'ai interrogé devant vous, et je ne l'ai trouvé coupable d'aucune des choses dont vous l'accusez ; Hérode non plus, car il nous l'a renvoyé, et voici, cet homme n'a rien fait qui soit digne de mort. Je le relâcherai donc, après l'avoir fait battre de verges. »

Jean 18:29-31, 33-38 ; Luc 23:2, 4-16 ; Marc 15:6-8

Quelqu'un peut-il m'expliquer cette folie ?

REX ES TU?

Tu es donc roi ?

Mon royaume n'est pas de ce monde.

Jean 18:36

Et, ayant appris qu'il était de la juridiction d'Hérode.

Il lui adressa beaucoup de questions ; mais Jésus ne lui répondit rien.

Hérode, avec ses gardes, le traita avec mépris.

Luc 23:7, 9, 11

Pilate leur dit : « Que ferai-je donc de Jésus, qu'on appelle Christ ? »

Matthieu 27:22

JÉSUS EST FLAGELLÉ, BARABBAS EST LIBÉRÉ

Alors Pilate prit Jésus, et le fit battre de verges.

Pilate sortit de nouveau, et dit aux Juifs : « Voici, je vous l'amène dehors, afin que vous sachiez que je ne trouve en lui aucun crime. » Et Pilate leur dit : « Voici l'homme. »

Les principaux prêtres et les anciens persuadèrent la foule de demander Barabbas, et de faire périr Jésus. Le gouverneur prenant la parole, leur dit : « Lequel des deux voulez-vous que je vous relâche ? » Ils répondirent : « Barabbas. »

Pilate leur dit : « Que ferai-je donc de Jésus, qu'on appelle Christ ? »

Tous répondirent : « Qu'il soit crucifié ! »

Le gouverneur dit : « Mais quel mal a-t-il fait ? »

Et ils crièrent encore plus fort : « Qu'il soit crucifié ! »

Pilate leur dit : « Prenez-le vous-mêmes, et crucifiez-le ; car moi, je ne trouve point de crime en lui. »

Les Juifs lui répondirent : « Nous avons une Loi ; et, selon notre Loi, il doit mourir, parce qu'il s'est fait Fils de Dieu. »

Quand Pilate entendit cette parole, sa frayeur augmenta. Il rentra dans le prétoire, et il dit à Jésus : « D'où es-tu ? » Mais Jésus ne lui donna point de réponse. Pilate lui dit : « Est-ce à moi que tu ne parles pas ? Ne sais-tu pas que j'ai le pouvoir de te crucifier, et que j'ai le pouvoir de te relâcher ? »

Jésus répondit : « Tu n'aurais sur moi aucun pouvoir, s'il ne t'avait été donné d'en haut. C'est pourquoi celui qui me livre à toi commet un plus grand péché. »

Dès ce moment, Pilate cherchait à le relâcher. Mais les Juifs criaient : « Si tu le relâches, tu n'es pas ami de César. Quiconque se fait roi se déclare contre César. »

JÉSUS EST CONDAMNÉ À MORT

Pilate, ayant entendu ces paroles, amena Jésus dehors ;
et il s'assit sur le tribunal, au lieu appelé le Pavé, et en hébreu
Gabbatha. C'était la préparation de la Pâque, et environ
la sixième heure. Pilate dit aux Juifs : « Voici votre roi. »

Mais ils s'écrièrent : « À mort ! À mort ! Crucifie-le ! »

Pilate leur dit : « Crucifierai-je votre roi ? »

Les principaux prêtres répondirent : « Nous n'avons de roi
que César. »

Pilate, voyant qu'il ne gagnait rien, mais que le tumulte
augmentait, prit de l'eau, se lava les mains en présence
de la foule, et dit : « Je suis innocent du sang de ce juste.
Cela vous regarde. »

Mais ils insistèrent à grands cris, demandant qu'il fût
crucifié. Et leurs cris l'emportèrent : Pilate prononça que
ce qu'ils demandaient serait fait. Il relâcha celui qui avait

été mis en prison pour sédition et pour meurtre,
et qu'ils réclamaient.

Les soldats du gouverneur conduisirent Jésus dans
le prétoire, et ils assemblèrent autour de lui toute la cohorte.
Ils lui ôtèrent ses vêtements, et le couvrirent d'un manteau
écarlate. Ils tressèrent une couronne d'épines, qu'ils posèrent
sur sa tête, et ils lui mirent un roseau dans la main droite ;
puis, s'agenouillant devant lui, ils le raillaient, en disant :
« Salut, roi des Juifs ! » Et ils crachaient contre lui, prenaient
le roseau, et frappaient sur sa tête. Après s'être ainsi moqués
de lui, ils lui ôtèrent le manteau, lui remirent ses vêtements,
et l'emmenèrent pour le crucifier.

Jean 19 : 1, 4-5, 6b-15 ; Matthieu 27 : 20-24, 27-31 ; Luc 23:23-25

Il a été maltraité et opprimé. Et il n'a point ouvert la bouche,
Semblable à un agneau qu'on mène à la boucherie.

Isaïe 53:7

Avant la fête de Pâque, Jésus se leva de table et il se mit
à laver les pieds des disciples. Après qu'il leur eut lavé
les pieds, il leur dit : « Je vous ai donné un exemple,
afin que vous fassiez comme je vous ai fait. »

Jean 13:1, 4-5, 12, 15

De même qu'il a été pour plusieurs un sujet d'effroi, Tant son visage
était défiguré, Tant son aspect différait de celui des fils de l'homme.

Isaïe 52:14

Le roi des Juifs !

Jésus lui dit : « Femme, où sont ceux qui t'accusaient ?
Va, et ne pèche plus. »

Jean 8:10-11

Voici l'homme ! Voici votre roi !

Jean 19:5, 14

Je suis innocent du sang de ce juste.

Matthieu 27:24

LA CRUCIFIXION

Comme ils l'emmenaient, ils prirent un certain Simon
de Cyrène, qui revenait des champs, et ils le chargèrent
de la croix, pour qu'il la porte derrière Jésus. Il était suivi
d'une grande multitude des gens du peuple, et de femmes
qui se frappaient la poitrine et se lamentaient sur lui. Jésus
se tourna vers elles, et dit : « Filles de Jérusalem, ne pleurez
pas sur moi ; mais pleurez sur vous et sur vos enfants.
Car voici, des jours viendront où l'on dira : "Heureuses les
stériles, heureuses les entrailles qui n'ont point enfanté,
et les mamelles qui n'ont point allaité !" Alors ils se mettront
à dire aux montagnes : "Tombez sur nous !" Et aux collines :
"Couvrez-nous !" »

Et ils conduisirent Jésus au lieu nommé Golgotha,
ce qui signifie « lieu du Crâne ». On conduisait en même
temps deux malfaiteurs, qui devaient être mis à mort
avec Jésus. Lorsqu'ils furent arrivés au lieu appelé « Crâne »,
ils le crucifièrent là, ainsi que les deux malfaiteurs,
l'un à droite, l'autre à gauche.

Jésus dit : « Père, pardonne-leur, car ils ne savent pas ce qu'ils
font. » Ils se partagèrent ses vêtements, en tirant au sort.

Le peuple se tenait là, et regardait. Les magistrats
se moquaient de Jésus, disant : « Il a sauvé les autres ;
qu'il se sauve lui-même, s'il est le Christ, l'élu de Dieu ! »
Les soldats aussi se moquaient de lui ; s'approchant
et lui présentant du vinaigre, ils disaient : « Si tu es le roi
des Juifs, sauve-toi toi-même ! » Il y avait au-dessus
de lui cette inscription : « Celui-ci est le roi des Juifs. »

Beaucoup de Juifs lurent cette inscription, parce que le lieu
où Jésus fut crucifié était près de la ville : elle était en hébreu,
en grec et en latin. Les principaux prêtres des Juifs dirent
à Pilate : « N'écris pas : "Roi des Juifs". Mais écris qu'il a dit :
"Je suis roi des Juifs". »

Pilate répondit : « Ce que j'ai écrit, je l'ai écrit. »

Les soldats, après avoir crucifié Jésus, prirent ses vêtements, et ils en firent quatre parts, une part pour chaque soldat. Ils prirent aussi sa tunique, qui était sans couture, d'un seul tissu depuis le haut jusqu'en bas. Et ils dirent entre eux : « Ne la déchirons pas, mais tirons au sort à qui elle sera. » Cela arriva afin que s'accomplît cette parole de l'Écriture : « Ils se sont partagé mes vêtements, et ils ont tiré au sort ma tunique. » Voilà ce que firent les soldats.

L'un des malfaiteurs crucifiés l'injuriait, disant : « N'es-tu pas le Christ ? Sauve-toi toi-même, et sauve-nous ! »

Mais l'autre le reprenait, et disait : « Ne crains-tu pas Dieu, toi qui subis la même condamnation ? Pour nous, c'est justice, car nous recevons ce qu'ont mérité nos crimes ; mais celui-ci n'a rien fait de mal. » Et il dit à Jésus : « Souviens-toi de moi, quand tu viendras dans ton règne. »

Jésus lui répondit : « Je te le dis en vérité, aujourd'hui tu seras avec moi dans le paradis. »

Près de la croix de Jésus se tenaient sa mère et la sœur de sa mère, Marie, femme de Clopas, et Marie de Magdala. Jésus, voyant sa mère, et auprès d'elle le disciple qu'il aimait, dit à sa mère : « Femme, voilà ton fils. » Puis il dit au disciple : « Voilà ta mère. » Et, dès ce moment, le disciple la prit chez lui.

Luc 23:26-30, 32-43 ; Marc 15:22 ; Jean 19:20-27

Il a été enlevé par l'angoisse et le châtiment.

Isaïe 53:8

Méprisé et abandonné des hommes,
Homme de douleur et habitué à la souffrance.

Isaïe 53:3

Mon fils !

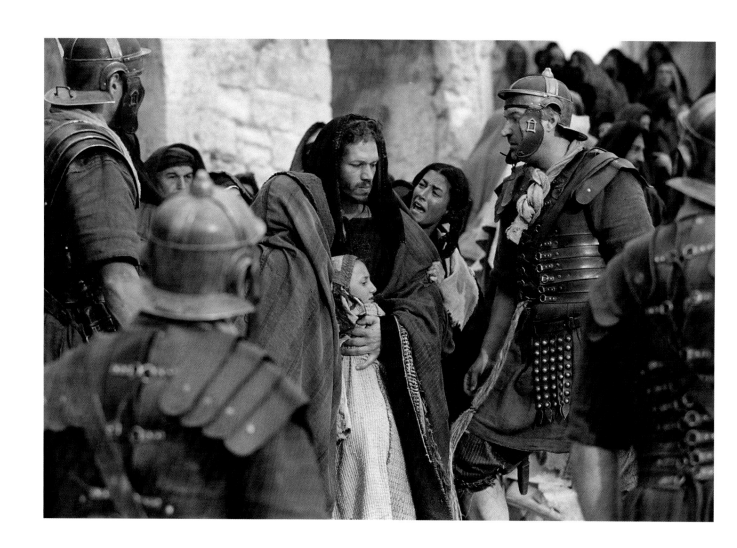

Ils prirent un certain Simon de Cyrène, et ils le chargèrent de la croix,

pour qu'il la porte derrière Jésus.

Luc 23:26

Arrivés au lieu nommé Golgotha, ce qui signifie « lieu du Crâne ».

Matthieu 27:33

*Il leur dit : « J'ai désiré vivement manger cette Pâque
avec vous, avant de souffrir. »*

Luc 22:15

Ils ont percé mes mains et mes pieds.

Psaume 22:16

QABBILU LEH AKULU. DNA HU GISHMI.

Prenez, mangez, ceci est mon corps.

Matthieu 26:26

Buvez-en tous ; car ceci est mon sang.

Matthieu 26:27-28

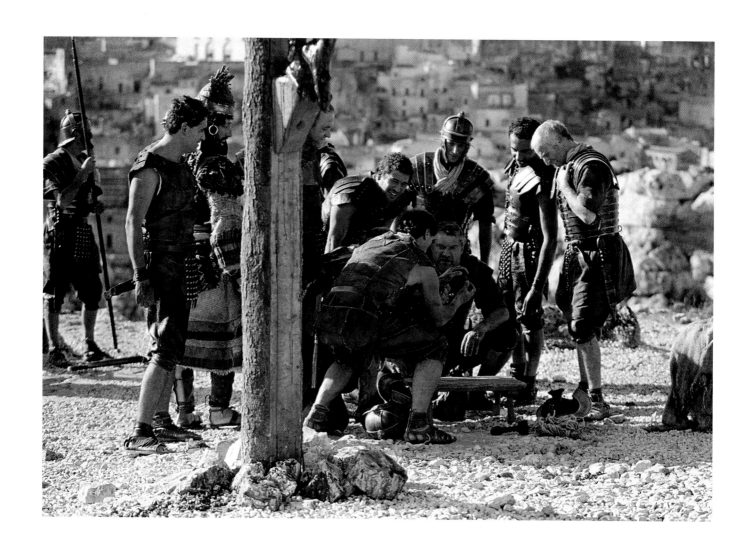

Ils se partagent mes vêtements,
Ils tirent au sort ma tunique.

Psaume 22:18

Je te le dis en vérité, aujourd'hui tu seras avec moi dans le paradis.

Luc 23:43

Jésus, voyant sa mère, et auprès d'elle le disciple qu'il aimait, dit à sa mère :
« Femme, voilà ton fils. » Puis il dit au disciple : « Voilà ta mère. »
Jean 19:26-27

LA MORT DE JÉSUS

La sixième heure étant venue, il y eut des ténèbres sur toute la terre, jusqu'à la neuvième heure. Et à la neuvième heure, Jésus s'écria d'une voix forte : « Éloï, Éloï, lama sabachthani ? », ce qui signifie : « Mon Dieu, mon Dieu, pourquoi m'as-tu abandonné ? »

Après cela, Jésus, qui savait que tout était déjà consommé, dit, afin que l'Écriture fût accomplie : « J'ai soif. » Il y avait là un vase plein de vinaigre. Les soldats en remplirent une éponge, et, l'ayant fixée à une branche d'hysope, ils l'approchèrent de sa bouche. Quand Jésus eut pris le vinaigre, il dit : « Tout est accompli. » Et, baissant la tête, il rendit l'esprit.

Et voici, le voile du temple se déchira en deux, depuis le haut jusqu'en bas, la terre trembla, les rochers se fendirent, les sépulcres s'ouvrirent, et plusieurs corps des saints qui étaient morts ressuscitèrent. Étant sortis des sépulcres, après la résurrection de Jésus, ils entrèrent dans la ville sainte, et apparurent à un grand nombre de personnes.

Le centenier et ceux qui étaient avec lui pour garder Jésus, ayant vu le tremblement de terre et ce qui venait d'arriver, furent saisis d'une grande frayeur, et dirent : « Assurément, cet homme était Fils de Dieu. » Et tous ceux qui assistaient en foule à ce spectacle, après avoir vu ce qui était arrivé, s'en retournèrent, se frappant la poitrine.

Il y avait aussi des femmes qui regardaient de loin. Parmi elles étaient Marie de Magdala, Marie, mère de Jacques le mineur et de Joses, et Salomé, qui le suivaient et le servaient lorsqu'il était en Galilée, et plusieurs autres qui étaient montées avec lui à Jérusalem.

Dans la crainte que les corps ne restassent sur la croix pendant le sabbat – car c'était la préparation, et ce jour de sabbat était un grand jour –, les Juifs demandèrent à Pilate qu'on rompît les jambes aux crucifiés, et qu'on les enlevât. Les soldats vinrent donc, et ils rompirent les jambes au premier, puis à l'autre qui avait été crucifié avec lui. S'étant approchés de Jésus, et le voyant déjà mort, ils ne lui rompirent pas les jambes ; mais un des soldats lui perça le côté avec une lance, et aussitôt il sortit du sang et de l'eau. Ces choses sont arrivées, afin que l'Écriture fût accomplie : « Aucun de ses os ne sera brisé. » Et ailleurs l'Écriture dit encore : « Ils verront celui qu'ils ont percé. »

Marc 15:33-34, 40-41 ; Jean 19:28-30, 31-34, 36-37 ; Matthieu 27 : 51-54 ; Luc 23:48

Mon Dieu, mon Dieu, pourquoi m'as-tu abandonné ?

Marc 15:34

Tout est accompli.

Jean 19:30

*Et voici, le voile du temple se déchira en deux, depuis le haut jusqu'en bas,
la terre trembla, les rochers se fendirent, les sépulcres s'ouvrirent.*

Matthieu 27:51-52

JÉSUS EST MIS EN TERRE

Après cela, Joseph d'Arimathie, qui était disciple de Jésus, mais en secret par crainte des Juifs, demanda à Pilate la permission de prendre le corps de Jésus. Et Pilate le permit. Il vint donc, et prit le corps de Jésus. Nicodème, qui auparavant était allé de nuit vers Jésus, vint aussi, apportant un mélange d'environ cent livres de myrrhe et d'aloès. Ils prirent donc le corps de Jésus, et l'enveloppèrent de bandes, avec les aromates, comme c'est la coutume d'ensevelir chez les Juifs. Or, il y avait un jardin dans le lieu où Jésus avait été crucifié, et dans le jardin un sépulcre neuf, où personne encore n'avait été mis. Ce fut là qu'ils déposèrent Jésus, à cause de la préparation des Juifs, parce que le sépulcre était proche.

LA RÉSURRECTION

Le premier jour de la semaine, Marie de Magdala se rendit au sépulcre dès le matin, comme il faisait encore obscur ; et elle vit que la pierre était ôtée du sépulcre. Elle courut vers Simon Pierre et vers l'autre disciple que Jésus aimait, et leur dit : « Ils ont enlevé du sépulcre le Seigneur, et nous ne savons pas où ils l'ont mis. »
Pierre et l'autre disciple sortirent, et allèrent au sépulcre. Ils couraient tous deux ensemble. Mais l'autre disciple courut plus vite que Pierre, et arriva le premier au sépulcre ; s'étant baissé, il vit les bandes qui étaient à terre, cependant il n'entra pas. Simon Pierre, qui le suivait, arriva et entra dans le sépulcre ; il vit les bandes qui étaient à terre, et le linge qu'on avait mis sur la tête de Jésus, non pas avec les bandes, mais plié dans un lieu à part. Alors l'autre disciple, qui était arrivé le premier au sépulcre, entra aussi ; et il vit, et il crut. Car ils ne comprenaient pas encore que, selon l'Écriture, Jésus devait ressusciter des morts.

Jean 19:38-42, 20:1-9

Ce qui était dès le commencement, ce que nous avons entendu,
ce que nous avons vu de nos yeux, ce que nous avons contemplé et
que nos mains ont touché, concernant la parole de vie, - notre
communion est avec le Père et avec son Fils Jésus Christ.

1 Jean 1 : 1, 3

LE TOURNAGE

LA PASSION | 139